Nur wenige Menschen sehen ein, dass sie letztendlich nur eine einzige Person führen können und auch müssen. Und diese Person sind sie selbst.

Peter F. Drucker
Begründer der modernen Managementlehre

Peter Voigt

123 Fragen der Persönlichkeit
Das Praxis-Handbuch für erfolgreiches Leadership

Bibliografische Information der Deutschen Nationalbibliothek:
Die Deutsche Nationalbibliothek verzeichnet diese Publikation in der Deutschen Nationalbibliografie; detaillierte bibliografische Daten sind im Internet über http://dnb.dnb.de abrufbar.

1. Auflage 2017

© 2017 Peter Voigt
Das vorliegende Werk, einschließlich aller seiner Teile, ist urheberrechtlich geschützt. Jede Verwertung ist ohne Zustimmung des Verlags oder des Autors unzulässig. Dies gilt insbesondere für die Vervielfältigung, Bearbeitung, Übersetzung, Verbreitung, Mikroverfilmung, öffentliche Zugänglichmachung und die Einspeicherung und Verarbeitung in elektronischen Systemen.

Umschlaggestaltung: Peter Voigt
Umschlag-Foto: Susanne Ganter

Herstellung und Verlag: BoD – Books on Demand, Norderstedt

ISBN: 978-3-7431-6605-9

Inhalt

Einleitung 6

Zur Verwendung des Buchs 10

Die NLL-Strategie 12

Was Sie als Führungspersönlichkeit wissen sollten 16

Fragen zu Ihrer Positionierung 18

Führungspersönlichkeiten investieren in sich selbst ... 24

Führungspersönlichkeiten gestalten die Zukunft 35

Führungspersönlichkeiten erreichen Ziele 44

Führungspersönlichkeiten entwickeln Talente 55

Führungspersönlichkeiten sichern die Nachfolge 65

Führungspersönlichkeiten nutzen Veränderungen 74

Führungspersönlichkeiten denken in Lösungen 83

Der Autor 93

Einleitung

Keine Führungspersönlichkeit fällt einfach so vom Himmel. Niemand bekommt dazu die notwendigen Fähigkeiten in die Wiege gelegt. Trotzdem gibt es so viele Menschen, die in Führungspositionen arbeiten - ohne Führungsausbildung und ohne das Wissen, was eine erfolgreiche Führungspersönlichkeit wirklich kennzeichnet.

Barack Obama kümmerte sich vor seinem Wahlkampf um das Amt des Präsidenten der USA ganz intensiv um seine Entwicklung als Führungspersönlichkeit. Er besuchte zahlreiche Seminare und holte sich professionelle Unterstützung durch Coaches. Damit gewann er nicht nur die erste Wahl. Er wurde sogar für eine zweite Amtszeit gewählt. Doch welches Geheimnis steckt hinter der Entwicklung zur Führungspersönlichkeit und warum ist das so wichtig?

Während seines Wahlkampfes hielt Obama unzählige Reden. Er sprach mit vielen Menschen über die unterschiedlichsten Themen. Schließlich wollte er die Menschen begeistern und überzeugen. Sie sollten ihm vertrauen und davon überzeugt sein, dass er das Land mit strategischer Sicherheit in die richtige Richtung führen wird. Er wollte klarstellen, dass er die gesetzten Ziele erreichen kann. Durch ihn sollte eine neue Generation von Lenkern und Denkern entstehen.

Obama erkannte, dass er dazu seine Wähler emotional begeistern musste. Für ihn war es wichtig, dass er die Herzen der Wähler auf direktem Weg erreicht und dazu musste er einen intelligenten Wahlkampf führen. Allerdings ging dabei nicht immer alles so voran, wie es geplant war. Es gab auch Rückschläge, Krisen und Niederlagen - und daraus ging er noch besser und noch stärker hervor.

Um besser zu werden, musste er natürlich wissen, was seine damaligen Wettbewerber im Schilde führten. Durch sein Team und seine weitreichenden Verbindungen in Politik und Wirtschaft konnte Obama zusätzliche Informationen und nützliches Wissen erlangen. Er hatte verstanden, wie sehr er aus diesen Kontakten und Verbindungen Nutzen ziehen konnte. Das stellt noch heute einen unschätzbaren Wert für seinen Erfolg dar.

Letztendlich führte seine Investition in die eigene Person dazu, dass er die Wahl gewann. Er nutzte jede Möglichkeit, um sich zu verbessern. So arbeitete er an seinem Auftreten, seiner Körpersprache, kurz an allem, was ihn authentischer, sympathischer, glaubwürdiger und überzeugender machte. Allerdings war das noch nicht alles. Es gab noch weitere Themen, die ihn während des Wahlkampfes und dann später, in seinem Amt als Präsident, ständig begleiteten.

In diesem Buch lernen Sie die insgesamt sieben Strategien kennen, die wahre Führungspersönlichkeiten anwenden. Sie werden anhand zahlreicher Fragen ihren eigenen strategischen Weg entwickeln. Ihr Erfolg in einer Führungsposition entsteht nicht durch überdurchschnittliches Fachwissen. Er entsteht mindestens zu 80% durch Ihre Persönlichkeit und die Fragen, die sie stellen.

Ich wünsche mir für Sie, dass Ihnen dieses Buch bei einem wichtigen Schritt in Ihrem Leben oder bei einer wichtigen Entscheidung hilft. Nicht alle Menschen bereiten sich gezielt auf einen Job in einer Führungsposition vor. Der Gedanke, etwas in diese Richtung zu tun, kommt in der Regel dann, wenn man den Posten schon hat. So geht es zumindest den meisten meiner Seminarbesucher oder den Menschen, die zum Coaching zu mir kommen.

Wenn Sie sich zu einer erfolgreichen Führungspersönlichkeit entwickeln wollen, dann müssen Sie dazu nur drei wichtige Dinge beachten:

1. Es muss Ihr eiserner Wille sein, dass Sie eine Führungspersönlichkeit werden wollen.
2. Sie müssen ständig und intensiv an sich arbeiten.
3. Sie müssen an sich glauben.

Dieses Buch soll Sie auf Ihrem Weg zu einer herausragenden Führungspersönlichkeit begleiten. Denn von Ihnen wird man einiges verlangen. Es wird erwartet, dass Sie für die unterschiedlichsten Situationen die passenden Eigenschaften mitbringen und sich dadurch angemessen verhalten. Das bedeutet, Sie brauchen nicht nur die richtige Intuition sowie ausreichend geistige und mentale Flexibilität. Sie brauchen auch genügend Einfühlungsvermögen, um sicher und strategisch handeln und entscheiden zu können.

Nutzen Sie dieses Arbeitsbuch als Ihr persönliches Werkzeug zur Weiterentwicklung. Nehmen Sie es als Anleitung, um in Zukunft wichtige Fragen zu stellen. Werden Sie damit erfolgreich! Das wünsche ich Ihnen.

Ihr
Peter Voigt

Zur Verwendung des Buchs

Zunächst ein wichtiger Hinweis: Dieses Buch ist wiederverwendbar! Sie können damit arbeiten, so oft Sie wollen. Das bedeutet für Sie, dass sich das Buch im Laufe Ihrer persönlichen Entwicklung und Karriere immer wieder einsetzten lässt.

Mit diesem Buch können Sie neue Strategien entwickeln oder aktuelle überwachen und überprüfen. Sie können es benutzen, um in eine neue Position hineinzuwachsen oder Ihre jetzige konstruktiv zu hinterfragen. Die Fragen helfen Ihnen dabei, Führungskräfte zu unterstützen, für die Sie verantwortlich sind. In Bewerbungsgesprächen lassen sich die Fragen verwenden, um geeignete Kandidaten für eine Führungsposition zu finden.

Vielleicht lassen Sie dieses Buch in Zukunft jemanden ausarbeiten, den Sie als zukünftige Führungsperson in Erwägung ziehen. Möglicherweise hilft Ihnen das Ergebnis der Ausarbeitung bei weiteren Entscheidungen. Eventuell erkennen Sie daraus Talente und Potenziale, die Sie fördern können. Vielleicht entwickeln Sie aus dem Buch im Laufe der Zeit einen Leitfaden, mit dem Sie Ihre persönliche Vorgehensweise und Strategie definieren. Es gibt jede Menge Einsatzmöglichkeiten für dieses Buch.

Das Buch ist so aufgebaut, dass Sie zunächst die Grundlagen für Ihre eigene Positionierung als Führungspersönlichkeit herausarbeiten. Diese Positionierung kann dynamisch sein. Sie können die Inhalte zu jeder Zeit so anpassen, dass sie genau auf Ihre jeweilige Situation zutreffen. Das gilt auch für neue Positionen, auf die Sie sich mit diesem Buch vorbereiten wollen.

Im Anschluss an Ihre Positionierung geht es um die einzelnen Themen der NLL-Strategie. Diese Strategie ist die Basis auf der dieses Buch aufbaut. Sie wird auf den nächsten Seiten erklärt.

Die Reihenfolge der Fragen innerhalb der Themenbereiche sind nach einem bestimmten Schema aufgebaut. Es kann durchaus sein, dass Sie bereits beschriebene Antworten zu einem anderen Zeitpunkt nochmals überarbeiten. Das Ziel ist es, dass Sie in der Lage sind, möglichst kreative Ergebnisse zu finden, mit denen Sie zum gewünschten Erfolg kommen.

Nach jeder NLL-Strategie folgt ein grau hinterlegter Kasten für Ihre Notizen. Hier können Sie z. B. festhalten, was Ihnen zu den vorangegangenen oder folgenden Strategien einfällt oder was Sie dort berücksichtigen wollen. So halten Sie Ihre zusätzlichen Gedanken bequem fest und entscheiden, wann Sie sich damit auseinandersetzen wollen. Nichts geht Ihnen verloren und Sie schaffen sich Ihren persönlichen Überblick.

Damit nicht genug. Sie können nach jeder Strategie konkrete Maßnahmen planen. Dazu stehen Ihnen im Anschluss an die Notizen jeweils Todo-Listen zur Verfügung. Hier halten Sie fest, wann Sie bestimmte Dinge oder Themen auf den Weg bringen wollen und haken ab, was erledigt ist.

Liebe Leserinnen, das Buch ist in der „männlichen" Form geschrieben worden, weil es sich so leichter schreibt und liest. Bitte fühlen Sie sich gerade aus diesem Grund ganz besonders dazu eingeladen, mit diesem Buch zu arbeiten.

Grundlage des Buchs
Die NLL-Strategie

Als Autor, Trainer und Coach beschäftige ich mich seit über 20 Jahren mit dem Thema Führung. Zu Beginn dieser Zeit war ich selbst jahrelang in Führungspositionen tätig und feilte immer wieder an meinen Fähigkeiten und Qualitäten. Ich besuchte viele Seminare, las unzählige Fachbücher und schaute mir einiges ab, was ich bei hervorragenden Führungspersönlichkeiten entdecke. Später, nachdem ich mich als Trainer und Coach selbständig gemacht hatte, analysierte ich dieses Wissen und fand heraus, dass es genau sieben Eigenschaften sind, die eine wirkliche Führungspersönlichkeit ausmachen. Ich nenne sie kurz die NLL-Strategie.

NLL steht für Neuro Linguistic Leading. Diese Strategie enthält aktuelle Erkenntnisse aus der Wissenschaft, erfolgreiche Kommunikationsmethoden und anerkannte Strategien zur Organisationsentwicklung. Die Inhalte sind hier kurz beschrieben:

Neuro beinhaltet das Wissen darüber, was die Gehirnforschung über die Entwicklung und die Fähigkeiten des Gehirns herausgefunden hat. Dazu gehören z. B. Erkenntnisse darüber, wie wir denken, Informationen verarbeiten, unter Stress reagieren, fühlen oder Entscheidungen treffen.

Führungspersönlichkeiten wissen, wie das menschliche Gehirn funktioniert und wodurch unser Verhalten gesteuert wird. Sie wissen auch, dass erfolgreiche Führung nicht durch die Anwendung bestimmter Führungstechniken erreicht wird, sondern durch das Bewusstsein entsteht, dass jeder Mensch in seinem Wesen, Denken und Verhalten einzigartig ist. Das mag wohl banal klingen, aber es ist noch lange nicht bei allen angekommen.

Linguistic ist die Art und Weise, wie Menschen miteinander kommunizieren und damit bestimmte Ergebnisse erreichen. Dabei geht es nicht nur um die Sprache, sondern um jede Form der Kommunikation, die Menschen in der Entwicklung ihrer Persönlichkeit und ihren persönlichen Fähigkeiten unterstützt.

Erfolgreiche Führungspersönlichkeiten setzen Methoden und Strategien ein, die von Psychologen, Therapeuten und Coaches entwickelt wurden. Damit bewegen sie sich professionell und sicher in jeder Situation und können anderen Menschen z. B. neue Fähigkeiten zugänglich machen, bei ihnen Ressourcen mobilisieren oder dabei helfen, schlechte Gewohnheiten abzulegen.

Leading beschreibt die Methoden, mit denen ein Umfeld geschaffen werden kann, in dem sich Organisationen und deren Mitarbeiter erfolgreich und dauerhaft entwickeln. Die Methoden enthalten Vorgehensweisen und Strategien erfolgreicher Unternehmen und anerkannter Managementtechniken.

Eines der am weitesten verbreiteten Systeme zur Organisationsentwicklung ist die DIN EN ISO 9001. Dieses Managementsystem ist weltweit anerkannt. Rund um den Globus haben sich über eine Million Unternehmen nach dieser Norm zertifizieren lassen. Alleine in Deutschland sind es mehr als 65.000 Firmen.

Einen Rahmen um die NLL-Strategie bilden die drei Bereiche „Bewusstsein", „Humankapital" und „Entwicklung":

Das **Bewusstsein**: Eine erfolgreiche Zukunft wird möglich, wenn Ziele erreicht werden, die durch den Beitrag der Talente im Unternehmen entstehen. Dazu drei Fragen:

1. Wie soll die Zukunft des Unternehmens aussehen?
2. Welche Ziele müssen dazu erreicht werden?
3. Welche Talente werden dazu benötigt?

Das **Humankapital**: Es besteht aus Menschen mit Talenten, die ständig gefördert und herausgefordert werden, um den Fortbestand des Unternehmens zu sichern, weil sie mit Veränderungen umgehen können. Dazu drei Fragen:

1. Welche Talente stehen zur Verfügung und welche sollen zusätzlich entwickelt werden?
2. Mit wem lässt sich der Fortbestand des Unternehmens sichern?
3. Wer ist in der Lage mit neuen Herausforderungen umzugehen?

Die **Entwicklung**: Sie führt aus den Anforderungen von notwendigen Veränderungen zu lösungsorientiertem Denken, durch das die Zukunft des Unternehmens gestaltet wird. Dazu drei Fragen:

1. Wie geht das Unternehmen mit Risiken um, und wie wird es die Chancen nutzen, wenn es auf Veränderungen reagieren muss?
2. Welche Lösungen werden daraus formuliert, die von allen Beteiligten getragen und umgesetzt werden können?
3. Welche Bedeutung hat diese Entwicklung auf die Gestaltung der Zukunft?

Wahre Führungspersönlichkeiten wissen, wie sie ihre Ziele erreichen. Sie wissen auch, was die Menschen auszeichnet, von denen sie auf ihrem Weg begleitet werden. Deshalb ist der zentrale Punkt der Strategie, dass Sie ständig **in Ihre eigene Persönlichkeit investieren**. Wissen und Fähigkeiten kann Ihnen niemand mehr wegnehmen. Nutzen Sie deshalb jede Möglichkeit, durch die Sie sich als Führungspersönlichkeit entwickeln und weiterentwickeln können!

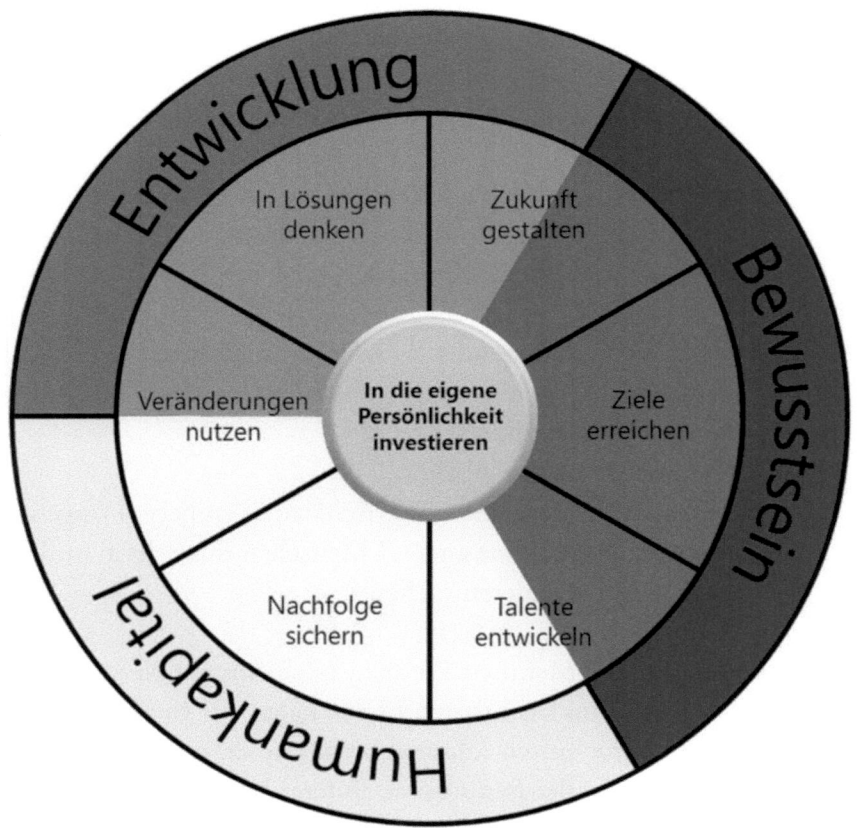

Abb.: Die NLL-Strategie, © Peter Voigt, VOIGTCONSULTING

Was Sie als Führungspersönlichkeit wissen sollten

1. Es gibt für Sie nur einen perfekten Zeitpunkt, um als Führungspersönlichkeit zu starten: Der richtige Zeitpunkt ist jetzt! Legen Sie los, wenn Sie sich dafür entschlossen haben und arbeiten Sie ab diesem Zeitpunkt ständig an sich weiter.

2. Nutzen Sie Ihre Fähigkeiten und Möglichkeiten, um Menschen zu unterstützen und ihnen zu helfen. Versuchen Sie nie, jemanden zu verändern. Das wird nicht funktionieren. Sie werden bemerken, dass Ihnen die Menschen folgen, für die Sie da sind.

3. Bleiben Sie sich und anderen Menschen gegenüber immer ehrlich und authentisch. Es fliegt in den meisten Fällen auf, wenn etwas nicht stimmt. Sie werden definitiv verlieren, wenn Sie

    a. durch Ihr Verhalten oder Ihre Aussagen übertreiben,
    b. versuchen andere Menschen zu manipulieren,
    c. unklare Aussagen machen,
    d. Versprechen nicht einhalten,
    e. anderen Menschen keine Wertschätzung entgegenbringen,
    f. Ängste und Probleme anderer Menschen missachten und
    g. die Schuld bei anderen suchen

4. Gewinnen Sie die Mehrheit für sich. Nicht immer werden Ihre Ziele oder Ideen auf fruchtbaren Boden fallen. Sie werden jedoch dann die Früchte ernten können, wenn Sie erkennen, wie sich Werte, Wünsche oder Bedürfnisse anderer Menschen mit Ihren Strategien verbinden lassen.

5. Menschen wollen Orientierung. Definieren Sie klar und verständlich, wofür Sie stehen. Ihr Umfeld muss wissen, was Sie erreichen wollen und werden und was Sie verhindern wollen und was Sie bekämpfen werden.

6. Gewöhnen Sie sich daran, dass Sie nicht allen gefallen werden. Als Führungspersönlichkeit stehen Sie unter Beobachtung. Vor allem Ihre Neider haben es auf Sie abgesehen. Sie werden eher mit ihren Fehlern konfrontiert (bzw. dem, was danach aussehen könnte), als damit, was Sie besonders gut gemacht haben.

7. Vertrauen ist etwas, dass Sie nicht geschenkt bekommen. Daran werden Sie ständig arbeiten müssen, um es sich zu verdienen. Wer Ihnen als Führungspersönlichkeit vertraut, legt Ihnen einen Teil seiner Zukunft in die Hände.

8. Finden Sie heraus, was andere Menschen besonders an Ihnen schätzen und sorgen Sie dafür, dass Sie in diesen Bereichen zunehmend Begeisterung ernten und Sie die in Sie gesetzten Erwartungen übertreffen.

9. Zu den häufigsten Gründen, aus denen Mitarbeiter ein Unternehmen verlassen, zählt das gleichgültige Verhalten ihrer Vorgesetzten. Mitarbeiter verlassen nie ein Unternehmen, sondern immer ihre Führungspersonen.

10. Eine offene und konstruktive Feedback-Kultur, in der Menschen Lob und Anerkennung erfahren, unterstützt die Identifikation der Mitarbeiter mit dem Unternehmen.

Fragen zu Ihrer Positionierung

Beschäftigen Sie sich mit den Themen, die Sie als Führungspersönlichkeit weiterbringen. Legen Sie sich einen Plan zurecht, an dem Sie in Zukunft Ihre Persönlichkeit strategisch entwickeln und ausbauen. Es ist wichtig, dass Sie Ihre Position klar definieren. Das hilft Ihnen dabei, Ihren persönlichen roten Faden zu entwickeln und aufrechtzuerhalten. Menschen in Ihrem Umfeld fällt es leichter, diesen roten Faden zu erkennen und ihm zu folgen. Nutzen Sie dazu diese Fragen:

1. In welchem Umfeld werden Sie die Menschen treffen, zu denen Sie zukünftig gehören wollen?

   _____
   _____
   _____
   _____
   _____

2. Wie verhalten Sie sich in diesem Umfeld als wahre Führungspersönlichkeit?

   _____
   _____
   _____
   _____
   _____

3. Welche wichtigen und notwenigen Fähigkeiten erwerben, trainieren und verfeinern Sie in diesem Zusammenhang?

_____
_____
_____
_____
_____

4. Wofür stehen Sie und wofür wollen Sie angesehen werden?

_____
_____
_____
_____
_____

5. Welche Werte sind für Sie wichtig und wie leben Sie danach?

_____
_____
_____
_____
_____

6. Wer wollen Sie sein und wo wollen Sie dazugehören?

_____
_____
_____
_____
_____

7. Welche persönliche Botschaft wollen Sie als Führungspersönlichkeit versenden?

_____
_____
_____
_____
_____

Sie werden sich ständig damit beschäftigen, wie Sie sich im Rahmen Ihrer Aufgaben, in den Beziehungen zu Ihrem Umfeld, den möglichen oder erforderlichen Veränderungen und in den vielen wichtigen Details Ihrer Aufgaben verhalten und entscheiden sollen. Es wird Themen geben, die Sie notwendigerweise festigen und stabilisieren werden. Bei anderen werden Sie flexibel und dynamisch vorgehen.

Lassen Sie die Dinge nicht einfach auf sich zukommen. Beschäftigen Sie sich damit, wofür Sie verantwortlich sind und was Sie bewegen wollen. Betrachten Sie die Dinge deshalb immer von zwei Seiten:

1. Was gehört zu Ihrem Tagesgeschäft und in welchen Bereichen wollen Sie es zukünftig strategisch ausbauen?

_____
_____
_____
_____
_____

2. Worum werden Sie sich konkret persönlich kümmern und welche Aufgaben werden Sie auf welche Weise delegieren?

_____
_____
_____
_____
_____

3. Mit wem wollen Sie intensiv und möglicherweise auch auf einer sehr persönlichen Ebene zusammenarbeiten und mit wem werden Sie eine „konstruktive" Distanz pflegen?

_____
_____
_____
_____
_____

4. In welchen Bereichen wird ein Team dauerhaft zuverlässige Ergebnisse liefern und wo können eventuell spezialisierte Individualisten mehr erreichen?

_____
_____
_____
_____

5. Wie wollen Sie die Ergebnisse Ihrer Verantwortungsbereiche regelmäßig ausreichend bewerten und welche neuen Maßnahmen wollen Sie bei Bedarf daraus ableiten und umsetzen können?

_____
_____
_____
_____

6. In welchen Bereichen wird das Unternehmen durch einen kontinuierlichen Verbesserungsprozess profitieren und wo sind die Entwicklung und Umsetzung von Innovationen von Vorteil?

_____
_____
_____
_____

7. In welchem Rahmen soll eine offene und konstruktive Kommunikation stattfinden und wie ist es möglich, bei Bedarf auch eine andere Position einzunehmen?

_____
_____
_____
_____
_____

8. Was erwarten Sie von selbständigem und eigenverantwortlichen Verhalten und wie soll die Zusammenarbeit mit anderen Bereichen dazu aussehen?

_____
_____
_____
_____
_____

Wenn Sie diese acht Punkte beherzigen, dann verfügen Sie über eine hervorragende Grundlage für Ihre Aufgaben und Herausforderungen als Führungspersönlichkeit. Jetzt beginnt der Teil, in dem Sie sich an die Details machen und weitere Lösungen und Strategien entwickeln. Sie werden sich jetzt mit den Themen und Fragen beschäftigen, die vielleicht richtungsweisend und entscheidend für Ihre Zukunft sein können.

1. Strategie
Führungspersönlichkeiten investieren in sich selbst

Können Sie sich vorstellen, dass ein Sportler ohne Trainer oder Coach Weltmeister oder Olympiasieger wird? Wahrscheinlich werden Sie sagen: „Das geht nicht, so etwas ist unmöglich." Das stimmt, egal wo Sie sich umschauen. Überall dort, wo Menschen extrem erfolgreich sind, arbeiten sie mit Trainern oder Coaches zusammen. Die Trainer zeigen wie es geht und trainieren die Prozesse. Die Coaches sorgen für die mentale Umsetzung und den geistigen Feinschliff.

Erfolgreiche Führungspersönlichkeiten machen das auch. Sie arbeiten an sich selbst, indem sie Seminare besuchen und sich coachen lassen. Diese Menschen haben es verstanden, dass eine Investition in ihre Fähigkeiten und in ihre Persönlichkeit die größten Renditen hervorbringt. Dieses Wissen und dessen Umsetzung sorgen dafür, dass große Erfolge erst möglich werden. Erfolg besteht aus maximal 20% Fachwissen und mindestens 80% Persönlichkeit.

Was genau zeichnet nun erfolgreiche Führungspersönlichkeiten aus? Bei allen Menschen gibt es genetisch angelegte und in der Kindheit und Jugend entwickelte Persönlichkeitsmerkmale, die sich im Laufe des Lebens ständig verändern können. Das bedeutet, dass die eigene Persönlichkeit trainiert werden kann.

Es geht in erster Linie darum, dass sich Führungspersönlichkeiten selbst führen. Denn nur, wer sich selbst führen kann, der kann auch andere Menschen optimal führen. Voraussetzungen dafür sind eine ausgeprägte Selbstwahrnehmung sowie die Fähigkeit, andere in ihrem Verhalten und in ihren Möglichkeiten richtig wahrzunehmen.

Ein anderer Aspekt ist das Thema Kommunikation. Wie kommuniziert die Führungspersönlichkeit mit sich selbst und wie mit anderen Menschen? Durch das Wissen darüber, wie Kommunikation funktioniert, lassen sich Menschen besser verstehen und deren Handlungen voraussehen und steuern. Das heißt, Führungspersönlichkeiten sind wahre Meister der Kommunikation.

Durch gezieltes Training setzen sie die verschiedenen Facetten der Kommunikation optimal ein. Sie beherrschen die rhetorischen Elemente ebenso geschickt, wie den Einsatz der Körpersprache und die Wirkung ihrer Stimme. Sie entschlüsseln unausgesprochene Botschaften ihrer Gesprächspartner und wissen, wie sie deren Motivation zu Höchstleistungen mobilisieren können. Damit verfügen Sie in der Regel über Fähigkeiten, die sonst nur Menschen beherrschen, die in der Therapie oder im Coaching tätig sind.

Wer gezielt führen und damit messbare Unternehmenserfolge erreichen will, der muss wissen, wie Menschen „ticken". Aus diesem Grund ist hirngerechtes Führen so wichtig. Wissenschaftliche Studien belegen, dass diese Form der Führung den Unternehmenserfolg messbar steigert. Studien belegen auch, dass die Erfolge häufig im Verhältnis dazu steigen, wie intensiv und wirkungsvoll die Führungspersönlichkeiten an sich arbeiten.

Legen Sie möglichst genau fest, wer Sie sein wollen. Definieren Sie, welche Methoden und Techniken Sie als erfolgreiche Führungspersönlichkeit dazu brauchen. Dabei spielt es keine Rolle, in welchen Unternehmensbereichen Sie tätig sind. Die positive Wirkung der erlernten Fähigkeiten wird sich außerdem auf alle Bereiche Ihres Lebens erstrecken.

1. Welche besonderen Stärken bewundern andere Menschen an Ihnen?

___

2. Wo haben Sie heute noch irgendwelche Schwächen?

___

3. Wie können Sie aus diesen Schwächen zukünftig Stärken entwickeln?

___

4. Wo und in welchen Bereichen erzielen Sie bereits heute besondere Erfolge?

_____
_____
_____
_____
_____

5. In welchen Bereichen wollen Sie Ihre Führungspersönlichkeit weiter ausbauen?

_____
_____
_____
_____
_____

6. Welche zusätzlichen Fähigkeiten wollen Sie erlangen?

_____
_____
_____
_____
_____

7. Was wird sich ändern, wenn Sie diese neu erworbenen Fähigkeiten umsetzen?

___

8. Welche konkreten Fähigkeiten brauchen Sie im Umgang mit anderen Menschen?

___

9. Wie und wodurch begeistern Sie andere Menschen?

___

10. Aus welchen Gründen würden andere Menschen Sie als eine Top-Führungspersönlichkeit auszeichnen?

_____
_____
_____
_____
_____

11. Durch welche besonderen kommunikativen Fähigkeiten zeichnen Sie sich als eine herausragende Führungspersönlichkeit aus?

_____
_____
_____
_____
_____

12. Worin liegen Ihre persönlichen Talente?

_____
_____
_____
_____
_____

13. In welchen Bereichen wollen Sie Ihre Talente zusätzlich ausbauen?

_____
_____
_____
_____

14. Wie gestalten Sie Ihre Zukunft als Führungspersönlichkeit?

_____
_____
_____
_____

15. Welche Ziele wollen Sie als Führungspersönlichkeit erreichen?

_____
_____
_____
_____
_____

16. Was brauchen Sie zusätzlich, um diese Ziele zu erreichen?

_____
_____
_____
_____
_____

17. Von welchen aktuellen Veränderungen in Ihrem Umfeld können Sie möglicherweise profitieren?

_____
_____
_____
_____
_____

18. Was könnten Sie tun, um diese Veränderungen für sich zu nutzen?

_____
_____
_____
_____
_____

Notizen

2. Die Zukunft gestalten

3. Ziele erreichen

4. Talente entwickeln

Notizen

5. Nachfolge sichern

6. Veränderungen nutzen

7. In Lösungen denken

Todo-Liste 1: In die eigene Persönlichkeit investieren

Datum	Todo	Erl.

2. Strategie
Führungspersönlichkeiten gestalten die Zukunft

Steve Jobs war ein herausragendes Beispiel dafür, wie eine Führungspersönlichkeit die Zukunft gestaltet. Seine Ideen wirkten sich nicht nur auf das Unternehmen Apple, sondern auf die gesamte Menschheit aus. Er hat sein Wissen und seine Visionen gezielt und konzentriert in die Tat umgesetzt. Zukünftige Themen und Produkte konnte er leidenschaftlich beschreiben und visualisieren. Damit gelang es ihm, Menschen für etwas zu begeistern, das bis dahin niemand vermisst hat – das iPhone.

Führungspersönlichkeiten wissen, wie sie ihre Mitarbeiter auf die Zukunft des Unternehmens neugierig machen. Sie erzeugen bei ihnen eine unbändige Leidenschaft zur Gestaltung dieser Zukunft. Jeder Mitarbeiter soll sich darin wiederfinden und seinen persönlichen Beitrag leisten können.

„Du musst schon da sein, bevor du angekommen bist." Nach diesem Motto lenken Führungspersönlichkeiten den Fokus auf einen Zeitpunkt, an dem die Zukunft schon zur Realität geworden ist. Mit Geschichten und Metaphern „verführen" sie ihre Mitarbeiter in eine Welt des Erfolgs und der Zufriedenheit. Sie „programmieren" ganz gezielt die positive Einstellung darauf, wie sich alle optimal an der Gestaltung dieser Zukunft beteiligen werden.

Je emotionaler die Zukunft beschrieben wird, desto leichter fällt es den Mitarbeitern, ihren Platz darin einzunehmen. Aus der Vision wird eine konkrete Strategie und daraus folgt die Umsetzung. So ist viel leichter erkennbar, wer welche Verantwortung trägt und welche

Entscheidungen zu treffen sind, damit Teams hervorragende Leistungen bringen können.

Das trägt nicht nur dazu bei, dass die Zufriedenheit der Mitarbeiter steigt und sie sich noch mehr mit ihrem Unternehmen identifizieren können. Auch Ihre Kunden werden diese Entwicklungen positiv bewerten. Unternehmen, die aktiv an der Gestaltung der Zukunft teilnehmen, werden als kreativ und innovativ wahrgenommen.

Für potenzielle Lieferanten stellen diese Unternehmen interessante Partner dar, weil sie sich damit ebenfalls an der Gestaltung der Zukunft beteiligen können. Das eröffnet für diese Partner die Chance zu neuem Wachstum. Es bieten sich für sie Möglichkeiten, neue Dinge und Themen auf den Weg zu bringen, von denen viele andere individuell profitieren können.

Wer zukunftsorientiert denkt und handelt, behält die Fäden in der Hand und ist eher in der Lage zu agieren, statt nur zu reagieren. Durch diese Vorgehensweise ist es für Führungspersönlichkeiten wesentlich einfacher, die richtigen und notwendigen Weichen für die Zukunft zu stellen. Es entstehen Teams, die sich ihrer Verantwortung noch mehr bewusst sind und die ihre Aufgaben schneller und erfolgreicher umsetzen.

Beschreiben Sie die Zukunft Ihres Unternehmens und wie Sie diese Zukunft gestalten wollen. Sie sind dadurch in der Lage, Ihre Mitarbeiter emotional zu begeistern und unterstützen deren Eigenmotivation. Auf diesem Weg wecken Sie die Leidenschaft, gemeinsam zu wachsen.

19. Was zeichnet Ihr Unternehmen in den nächsten drei, fünf und zehn Jahren aus?

_____
_____
_____
_____

20. Was bietet Ihr Unternehmen in Zukunft an?

_____
_____
_____
_____

21. Über welche besonderen Fähigkeiten verfügen Ihre Mitarbeiter in Zukunft?

_____
_____
_____
_____

22. Wofür steht Ihr Unternehmen in Zukunft und welchen Nutzen bieten Sie damit an?

23. Was denken Ihre Kunden in Zukunft über Ihr Unternehmen?

24. Für welche zukünftigen Anforderungen ist Ihr Unternehmen bereits heute schon gerüstet?

25. Welche internen und externen Themen beeinflussen den Erfolg Ihres Unternehmens?

_____
_____
_____
_____
_____

26. Wer stellt Anforderungen an Ihr Unternehmen und welche Anforderungen sind das?

_____
_____
_____
_____
_____

27. Welche Risiken und Chancen sind mit diesen Anforderungen verbunden?

_____
_____
_____
_____
_____

28. Wie gehen Sie in Zukunft mit diesen Anforderungen, Risiken und Chancen um?

_____
_____
_____
_____
_____

29. Welche Aufgaben müssen konkret erledigt werden und warum ist das so wichtig?

_____
_____
_____
_____
_____

30. Was werden Sie erreicht haben, wenn die Aufgaben erledigt sind?

_____
_____
_____
_____
_____

Notizen

1. In die eigene Persönlichkeit investieren

---

3. Ziele erreichen

---

4. Talente entwickeln

Notizen

5. Nachfolge sichern

6. Veränderungen nutzen

7. In Lösungen denken

Todo-Liste 2: Zukunft gestalten

Datum	Todo	Erl.

3. Strategie
Führungspersönlichkeiten erreichen Ziele

Reinhold Messner hatte ein klares Ziel vor Augen, als er sich im Jahr 1978 dazu entschied, gemeinsam mit Peter Habeler ohne Flaschensauerstoff den Gipfel des Mount Everest zu erreichen. Dabei ist er nicht einfach losgegangen. Alleine die Vorbereitungen nahmen viel Zeit in Anspruch. Ohne konkrete Zielvorstellung und die richtige Strategie wäre es wahrscheinlich nicht möglich gewesen.

Messner plante den Aufstieg und damit die Erreichung seines Ziels so exakt wie nur möglich. Die Herausforderungen waren extrem hoch. Immerhin galt das Vorhaben zur damaligen Zeit als etwas absolut Unmögliches. Jeder noch so kleine Fehler konnte tödliche Folgen nach sich ziehen.

Ein Training musste entwickelt und durchgeführt werden, damit der Körper den Anforderungen standhielt. Das Team musste ausgewählt und eingewiesen werden, damit später die perfekte Zusammenarbeit gewährleistet war. So wurden diese und zahlreiche andere Aufgaben geplant und umgesetzt, die letztendlich zum Erfolg der Mission beigetragen hatten. Selbst der Termin musste so passend gewählt sein, dass die Witterungsbedingungen möglichst optimal sein würden.

Führungspersönlichkeiten wissen, wie wichtig es ist, dass Ziele richtig definiert und gut geplant werden. Mehr Umsatz oder verantwortungsbewusstere Mitarbeiter sind noch keine Ziele – das sind lediglich Wünsche. Ziele müssen messbar, nachvollziehbar und erreichbar sein. Nur wenn dies der Fall ist, kann auch eine sinnvolle Planung entstehen.

Die Kunst für Führungspersönlichkeiten besteht darin, die Menschen so einzubinden und zu unterstützen, dass sie die gesetzten Ziele erreichen können oder dazu in geeigneter Weise beitragen. Wenn die Mitarbeiter die Ziele des Unternehmens kennen und verstehen, dann fällt es ihnen leichter, diesen Beitrag zu bringen. Somit wissen sie auch, was von ihnen verlangt wird und wie Sie ihre eigene Leistung erkennen und bewerten können.

Eine weitere Aufgabe für Führungspersönlichkeiten ist es, die Ziele so zu formulieren, dass sie mit den Möglichkeiten, die dem Unternehmen zur Verfügung stehen, realisiert werden können. Dazu gehören nicht nur qualifizierte Mitarbeiter, sondern auch die passenden Lieferanten, eine geeignete Infrastruktur oder andere wichtige Voraussetzungen.

Erfolgs- und ergebnisbewusste Führungspersönlichkeiten wissen, dass sie es überwachen müssen, in wieweit die gesetzten Ziele erreicht werden. Deshalb definieren sie die Methoden und Möglichkeiten, wie Ziele überwacht, gemessen, analysiert und bewertet werden sollen. Damit steht allen Beteiligten ein Rahmen zur Verfügung, an dem sie sich bis zum erfolgreichen Ergebnis zuverlässig orientieren können.

Je besser Sie als Führungspersönlichkeit Ziele beschreiben, desto einfacher und schneller wird es für alle Beteiligten sein, dass Sie gemeinsam diese Ziele erreichen. Entwickeln Sie Methoden und Techniken, durch die Sie zukünftig Ziele auf eine Weise definieren, wodurch sie für die unterschiedlichsten Menschentypen verständlich, nachvollziehbar und erreichbar werden.

31. Welches ist das leidenschaftliche, faszinierende und anziehende Ziel, das Sie mittel- bis langfristig erreichen wollen?

_____
_____
_____
_____
_____

32. Welches ist das im Moment wichtigste Ziel, das Sie erreichen wollen?

_____
_____
_____
_____
_____

33. Welche Vorbilder gibt es für Sie, die bereits solche oder ähnliche Ziele erreicht haben?

_____
_____
_____
_____
_____

34. Was haben diese Vorbilder getan, um diese Ziele zu erreichen?

35. Welche anderen Ideen sind mit dem Ziel verbunden?

36. Bis wann wollen Sie das Ziel erreicht haben?

37. Woran werden Sie erkennen, dass Sie das Ziel in vollem Umfang erreicht haben?

_____
_____
_____
_____
_____

38. Was genau werden Sie tun, um dieses Ziel zu erreichen?

_____
_____
_____
_____
_____

39. Welche Ressourcen benötigen Sie, um das Ziel zu erreichen?

_____
_____
_____
_____
_____

40. Was könnte Sie davon abhalten, dass Sie das Ziel erreichen?

_____
_____
_____
_____

41. Was unternehmen Sie dann, um Ihr Ziel trotzdem zu erreichen?

_____
_____
_____
_____

42. Was müssen Sie und die Menschen in Ihrer Umgebung zusätzlich lernen, damit Sie das Ziel erreichen können?

_____
_____
_____
_____

43. In welcher Form benötigen Sie eine Leitlinie oder eine Politik, die auf das Ziel ausgerichtet ist?

44. Welche Prozesse sind erforderlich, damit das Ziel von allen erreicht werden kann?

45. Wer ist für die erfolgreiche Umsetzung der Prozesse verantwortlich?

46. Welche Menschen brennen mit Ihnen gemeinsam für dieses Ziel?

_____
_____
_____
_____
_____

47. Wer könnte noch von dem Ziel profitieren, indem er/sie in die Umsetzung mit eingebunden wird?

_____
_____
_____
_____
_____

48. Wie muss das Ziel formuliert werden, damit es von den Beteiligten verstanden und umgesetzt werden kann?

_____
_____
_____
_____
_____

Notizen

1. In die eigene Persönlichkeit investieren

_____
_____
_____
_____
_____

2. Zukunft gestalten

_____
_____
_____
_____
_____

4. Talente entwickeln

_____
_____
_____
_____
_____

Notizen

5. Nachfolge sichern

6. Veränderungen nutzen

7. In Lösungen denken

Todo-Liste 3: Ziele erreichen

Datum	Todo	Erl.

4. Strategie
Führungspersönlichkeiten entwickeln Talente

Boris Becker hatte schon als kleiner Junge das Talent zum Tennisspielen. Zu seinen Erfolgen gehören 49 Turniersiege. Dreimal gewann er das Turnier von Wimbledon. Zu seinen Entdeckern zählte Günter Bosch, der das Talent zu Beginn seiner Karriere maßgeblich begleitet hat. Bosch hatte erkannt, was in dem kleinen Jungen von damals steckte. Mit seiner Unterstützung brachte es Becker zu einem der bedeutendsten Tennisspieler unserer Zeit.

Führungspersönlichkeiten wissen, woran sie Talente erkennen und wie man sie ausbaut. Sie sind sich auch dessen bewusst, wie wichtig es ist, Menschen so zu fördern, dass sie in ihren Aufgaben mit Leidenschaft aufgehen können. Als Talentmanager unterstützen Führungspersönlichkeiten den Ausbau von Fähigkeiten ihrer Mitarbeiter, um die gesteckten Ziele zu erreichen.

Jeder Unternehmensbereich und jedes Aufgabengebiet kann unterschiedliche Anforderungen an die Talente stellen. Dabei wissen Führungspersönlichkeiten genau, nach welchen Talenten sie suchen. Sie wissen, dass fachliche Qualitäten nicht unbedingt gleichzeitig Führungstalente sind. Sie wissen auch, dass durch ein Talent nicht gleich alle fachlichen Anforderungen erfüllt werden, sondern ggf. zusätzlich geschult und trainiert werden müssen.

Führungspersönlichkeiten, die auf der Suche nach Talenten sind, richten ihren Fokus nicht nur auf Menschen, die fachlich gut sind. Sie achten vor allem auch auf solche Menschen, die sich z. B. unternehmerisch verhalten, über eine ausgeprägte Selbst- und Fremdwahrnehmung verfügen, tendenziell nach Lösungen suchen, selbständig arbeiten, kreativ denken oder Aufgaben delegieren.

Durch die Art und Weise, wie Führungspersönlichkeiten Talente fördern, schaffen sie ein Umfeld, in welchem sie sich auf die Loyalität ihrer Mitarbeiter verlassen können und in dem eine starke Bindung zum Unternehmen besteht. So entwickelt sich bei den Mitarbeitern eine länger anhaltende Eigenmotivation, als sie z. B. durch Gehaltserhöhungen erreicht werden könnte. Die Wertschöpfung der Leistungen nimmt zu und die Fehlerquoten sinken.

Unternehmen, die sich auf diese Weise für die Entwicklung ihrer Mitarbeiter einsetzen, klagen in der Regel weniger über Kündigungen und sie haben auch weniger Probleme damit, geeignetes und qualifiziertes Personal zu finden. Im Gegenteil, sie ziehen solche Mitarbeiter regelrecht an.

Immer mehr Menschen orientieren sich an Unternehmen, die ihnen Möglichkeiten zur persönlichen Entwicklung und damit zum Ausbau ihrer persönlichen Talente bieten. Das ist auch der Grund dafür, dass sich Unternehmen heute zunehmend bei neuen Mitarbeitern bewerben müssen und nicht umgekehrt.

Finden Sie heraus, welche verborgenen Talente in Ihnen und in Ihren Mitarbeitern stecken. Sorgen Sie dafür, dass jeder von ihnen seine Talente möglichst optimal einsetzen kann. Stellen Sie sicher, dass diese Talente ständig weiterentwickelt und daraus echte Stärken werden.

49. Welche Talente benötigt Ihr Unternehmen grundsätzlich?

_____
_____
_____
_____
_____

50. Über welche Talente verfügen Ihre Mitarbeiter heute?

_____
_____
_____
_____
_____

51. Durch welche Talente Ihrer Mitarbeiter würde Ihr Angebot noch besser werden?

_____
_____
_____
_____
_____

52. Welche Ihrer Mitarbeiter verfügen heute schon wenigstens teilweise über diese Talente?

_____
_____
_____
_____

53. Wo könnten Sie außerhalb Ihres Unternehmens entsprechende Talente finden?

_____
_____
_____
_____

54. Was könnten Sie tun, um die Talente Ihrer Mitarbeiter zu fördern?

_____
_____
_____
_____

55. Wie würden Sie Ihre Mitarbeiter einsetzen, wenn Sie deren Talente noch zielgerichteter nutzen wollten?

_____
_____
_____
_____

56. Wie wollen Sie das Zielbild formulieren, damit sich die entsprechend talentierten Mitarbeiter an der Umsetzung beteiligen?

_____
_____
_____
_____

57. Woran erkennen Sie, welches die passenden Talente sind?

_____
_____
_____
_____

58. Wer beteiligt sich bereits heute intensiv an der Erreichung von Zielen?

_____
_____
_____
_____

59. Wer ist in der Lage, Veränderungen zu erkennen und zu tun, was notwendig ist, damit die gesetzten Ziele erreicht werden?

_____
_____
_____
_____

60. Anhand welcher Talente erkennen Sie eine herausragende und vorbildliche Kundenorientierung?

_____
_____
_____
_____

61. Wie würde ein kontinuierliches Programm aussehen, mit dem Sie Talente erkennen, fördern und entwickeln können?

_____
_____
_____
_____
_____

62. Welche Erfolge gibt es aus der Vergangenheit und welche Talente stehen daraus heute noch zur Verfügung?

_____
_____
_____
_____
_____

63. Welche gemeinsamen Werte verbinden die Menschen mit Ihnen?

_____
_____
_____
_____
_____

Notizen

1. In die eigene Persönlichkeit investieren

2. Zukunft gestalten

3. Ziele erreichen

Notizen

5. Nachfolge sichern

6. Veränderungen nutzen

7. In Lösungen denken

Todo-Liste 4: Talente entwickeln

Datum	Todo	Erl.

5. Strategie
Führungspersönlichkeiten sichern die Nachfolge

In Königshäusern geht man mit dem Thema Nachfolge meist recht entspannt um. Da ist seit hunderten von Jahren festgelegt, wer nach dem Ableben oder Abdanken eines Oberhaupts die Nachfolge antritt. Nicht nur der Thronfolger steht fest. Auch die, welche in der Reihe danach kommen, sind bekannt. So kann normalerweise nichts schiefgehen und die Regierungsfähigkeit ist gesichert.

Zahlreiche Unternehmen beschäftigen sich sehr spät oder zuweilen gar nicht mit dem Thema Nachfolge. Wer soll später einmal die Geschicke des Unternehmens oder bestimmter Abteilungen lenken? Wer ersetzt den Spezialisten, der vielleicht einmal das Unternehmen wechselt oder in den verdienten Ruhestand geht?

Bei manchen spielt auch die Angst davor mit, von einem potenziellen Nachfolger unbemerkt „überholt" zu werden. Dabei ist die Sorge unbegründet, solange die „Nummer 1" einen guten Job macht. Gute Führungspersönlichkeiten wissen, dass sie frühzeitig an die nächste Generation denken müssen. Sie sorgen dafür, dass sich Menschen auf eine Weise entwickeln, durch die sie den zukünftigen strategischen Erfolg des Unternehmens sicherstellen.

Wo Menschen ihre zukünftigen beruflichen Entwicklungsmöglichkeiten im Unternehmen erkennen, dort entsteht auch die Bereitschaft, Verantwortung in der nächsten Generation zu übernehmen. Dazu gehört es, dass Führungspersönlichkeiten frühzeitig darauf achten, welche Mitarbeiter diese Anforderungen erfüllen. Dabei sollten wenigstens diese Potenziale erkennbar sein:

- Sie sollten abstrakt und strategisch denken und handeln können.

- Sie sollten hervorragende und vorbildliche Leistungen bringen.

- Sie sollten ein soziales Umfeld zur Entwicklung von Talenten schaffen.

- Sie sollten zukünftige Talente entwickeln können.

Diese vier Faktoren tragen dazu bei, dass die nächste Generation auf sicheren Beinen steht. Auf der Basis dieser Faktoren können Führungspersönlichkeiten potenzielle Nachfolger auf ihre zukünftigen Aufgaben optimal vorbereiten. Die Nachfolgeregelung beschränkt sich dabei nicht nur auf die Leitung des Unternehmens. Sie gilt auch für einzelne Bereiche, Abteilungen oder die darin beschäftigten Mitarbeiter. Überall können verborgene Talente schlummern, bei denen das geeignete Potenzial zur Nachfolge vorhanden ist.

Auch im Umfeld des Unternehmens lassen sich potenzielle Nachfolger finden. Erfolgreiche Führungspersönlichkeiten sind deshalb besonders wachsam, wenn sie mit anderen Menschen außerhalb ihres Unternehmens in Kontakt stehen. Möglicherweise treffen sie hier auf geeignete Kandidaten. Dabei achten sie darauf, dass sie die passenden Talente bei den potenziellen Nachfolgern finden und entwickeln.

Achten Sie ständig auf potenzielle Nachfolger für alle Bereiche und Aufgaben. Sorgen Sie dafür, dass genügend Anreize vorhanden sind, die anziehend auf potenzielle Nachfolger wirken. So lassen sich neue Führungspersönlichkeiten schneller finden, fördern und entwickeln.

64. Durch welche Eigenschaften zeichnen Sie sich als Führungspersönlichkeit aus?

_____
_____
_____
_____
_____

65. Was könnten Sie tun, um Ihre Fähigkeiten als Führungspersönlichkeit weiter auszubauen?

_____
_____
_____
_____
_____

66. Über welche Talente, Fähigkeiten und Stärken als Führungspersönlichkeit sollten potenzielle Nachfolger verfügen?

_____
_____
_____
_____
_____

67. In welchen Bereichen ist eine kontinuierliche und umfassende Nachfolgeregelung notwendig?

68. Wo können Sie außerhalb Ihres Unternehmens potenzielle Nachfolger finden?

69. Welche Mitarbeiter verfügen, unabhängig von ihren Leistungen, über Führungsqualitäten oder die passenden Talente dazu?

70. Wodurch zeichnen sich diese Führungsqualitäten Talente aus?

_____
_____
_____
_____

71. In welchen Bereichen sollten diese Führungsqualitäten ausgebaut werden?

_____
_____
_____
_____

72. Wie können diese Mitarbeiter schon jetzt in zukünftige Führungsaufgaben eingebunden werden?

_____
_____
_____
_____

73. Welche Mitarbeiter werden bereits als Führungspersönlichkeiten von ihren Kolleginnen und Kollegen anerkannt?

___

74. Wie müsste ein „Fahrplan" aussehen, nach dem Mitarbeiter zu herausragenden Führungspersönlichkeiten entwickelt werden?

___

75. Woran können Sie nachvollziehbar erkennen, dass Mitarbeiter die Anforderungen an die gestellten Führungsaufgaben erfüllen?

___

Notizen

1. In die eigene Persönlichkeit investieren

2. Zukunft gestalten

3. Ziele erreichen

Notizen

4. Talente entwickeln

6. Veränderungen nutzen

7. In Lösungen denken

Todo-Liste 5: Nachfolge sichern

Datum	Todo	Erl.

6. Strategie
Führungspersönlichkeiten nutzen Veränderungen

Mit der Entwicklung des Smartphones veränderte sich der Mobilfunkmarkt total. Besonders hart traf diese Entwicklung das Unternehmen Nokia, welches einmal weltgrößter Mobiltelefonhersteller gewesen war. Nokia hatte die Veränderungen zu spät erkannt und vielleicht auch unterschätzt. Der Aufstieg des Smartphones vom Nischen- zum Massenprodukt war ab 2008 nicht mehr aufzuhalten. Deshalb wurde Nokia als Marktführer von Apple und Samsung abgelöst.

Ein kluges Sprichwort besagt: „Nichts ist beständiger als der Wandel." Erfolgsorientierte Führungspersönlichkeiten sind sich dessen bewusst und beschäftigen sich deshalb ständig mit der Fragestellung: „Mit welchen Veränderungen müssen und können wir kurz-, mittel- und langfristig rechnen? Was bedeutet das für das Unternehmen und welche Chancen ergeben sich daraus?"

Manchmal haben Veränderungen unter Umständen auch einen negativen Einfluss. Doch auch hier bestimmt die Fragestellung die Richtung des Fokus: „Nur einmal angenommen, die Veränderung hätte etwas Positives. Was wäre das?" Die Qualität der Fragestellungen bestimmt die Qualität der Chancen, die sich daraus ergeben. Führungspersönlichkeiten wissen das. Sie wissen auch, in welchen Bereichen Veränderungen auftreten können. Deshalb sind sie gut darauf vorbereitet.

Veränderungen können auch das Ergebnis strategischer Planungen sein, wodurch zum Beispiel neue Kundensegmente erschlossen oder

Unternehmensbereiche ausgebaut werden sollen. Führungspersönlichkeiten treffen deshalb Entscheidungen auf der Grundlage von Fakten. Aus der Analyse und Bewertung der Unternehmensleistungen gewinnen sie dazu wertvolle Informationen. Kunden- und Mitarbeiterfeedback oder Marktbeobachtungen sind weitere Beispiele, die Hinweise auf Veränderungen liefern können.

Erfolgreiche Führungspersönlichkeiten überlassen nichts dem Zufall. Sie wissen, welche Mitarbeiter mit Veränderungen aktiv umgehen können und welche zu den „Bewahrern" gehören, die gerne alles so wie immer tun. Deshalb fördern und entwickeln Führungspersönlichkeiten ihre Mitarbeiter auf eine Weise, in der alle diese Veränderungen unterstützen können. Damit ziehen sowohl die Führungspersönlichkeiten als auch die Mitarbeiter aus Veränderungen den größten Nutzen.

Jede Veränderung bietet neues Potenzial, um an der Zukunft des Unternehmens zu arbeiten, neue Ziele zu setzen, neue Talente zu entwickeln oder um Innovationen auf den Weg zu bringen. Mit jeder Veränderung nehmen auch die Möglichkeiten zu, mit denen Führungspersönlichkeiten neuen Herausforderungen begegnen können. Und das unterstützt sie auch dabei, neue potenzielle Talente zu erkennen und zu fördern.

Entwickeln Sie Ihre persönlichen Fähigkeiten im Erkennen von Veränderungen und wie Sie damit umgehen werden. Analysieren und bewerten Sie, welche Erfahrungen Sie in vergangenen Situationen gemacht und was Sie daraus gelernt haben. Sie werden damit in Zukunft Ihren Unternehmenserfolg weiter ausbauen und insgesamt mehr erreichen.

76. Wer ist der von allen akzeptierte „Feind" und auf welche Weise wird er wirkungsvoll bekämpft?

_____
_____
_____
_____
_____

77. Welche absehbaren Veränderungen kommen auf Ihr Unternehmen zu?

_____
_____
_____
_____
_____

78. Auf welche Unternehmensbereiche könnten sich diese Veränderungen auswirken?

_____
_____
_____
_____
_____

79. Durch wen oder was werden diese Veränderungen ausgelöst?

_____
_____
_____
_____

80. Welche Risiken und Chancen beinhalten diese Veränderungen?

_____
_____
_____
_____

81. Wie werden Sie heute und in Zukunft damit umgehen?

_____
_____
_____
_____

82. Welche neuen Ziele können durch diese Veränderungen entwickelt werden?

_____
_____
_____
_____
_____

83. Welche neuen Märkte können durch diese Veränderungen erschlossen werden?

_____
_____
_____
_____
_____

84. Welche neuen Talente werden für diese Veränderungen benötigt oder müssen gefördert werden?

_____
_____
_____
_____
_____

85. Welche neuen Herausforderungen entstehen durch diese Veränderungen?

_____
_____
_____
_____

86. Wie lässt sich durch diese Herausforderungen der Unternehmenserfolg ausbauen?

_____
_____
_____
_____

87. Welche neuen Ziele lassen sich dann daraus formulieren?

_____
_____
_____
_____
_____

Notizen

1. In die eigene Persönlichkeit investieren

_____
_____
_____
_____
_____

2. Zukunft gestalten

_____
_____
_____
_____
_____

3. Ziele erreichen

_____
_____
_____
_____
_____

Notizen

4. Talente entwickeln

5. Nachfolge sichern

7. In Lösungen denken

Todo-Liste 6: Veränderungen nutzen

Datum	Todo	Erl.

7. Strategie
Führungspersönlichkeiten denken in Lösungen

Von Mark Twain stammt die Geschichte, in der Tom Sawyer von seiner Tante die Aufgabe bekam, den Zaun zu streichen. An diesem Tag hatte der Junge alles Mögliche im Kopf, nur nicht den Zaun anzumalen. Außerdem war es ihm peinlich, dass ihn vielleicht seine Freunde bei dieser Arbeit sehen und womöglich verspotten könnten. So besann er sich darauf, aus dieser lästigen Tätigkeit etwas Besonderes zu machen.

Er erklärte jedem, der vorbeikam, wie wichtig diese Aufgabe sei. Dazu stellte er klar, dass nur er in der Lage wäre, ein ordentliches Ergebnis abzuliefern. Das führte dazu, dass seine Freunde ihre Fähigkeiten unbedingt unter Beweis stellen und ebenfalls den Zaun streichen wollten. Sie gaben ihm sogar Geschenke dafür, dass sie streichen durften.

Diese kleine Geschichte ist ein Beispiel dafür, wie durch Veränderung des Blickwinkels eine Lösung entsteht. Tom Sawyer machte aus dem anfänglichen Problem eine Chance. So konnte er mit einer Klappe mehrere Fliegen schlagen: Der Zaun wurde gestrichen, er verbrachte die Zeit zusammen mit seinen Freunden, er wurde belohnt und sein Ansehen stieg.

Probleme gibt es nur dann, wenn sie als solche akzeptiert werden. Menschen, deren Fokus auf Probleme gerichtet ist, stellen zum Beispiel solche Fragen: „Warum ist das passiert? Wie konnte das nur geschehen? Wie wird es sein, wenn sich nichts ändert?" Das führt dazu, dass Probleme noch größer gemacht werden oder tatsächlich sogar noch größer werden können.

Der Fokus richtet sich bei dieser Art von Fragestellung auf die negativen Aspekte. Natürlich gilt es herauszufinden, welches die Hintergründe eines Problems sind. Allerdings sollte das dazu führen, dass durch die Art der Fragestellung ein lösungsorientierter Umgang mit Problemen oder Fehlern möglich ist.

Probleme werden nicht dadurch beseitigt oder gelöst, indem sie „aufgeblasen" oder unter den Teppich gekehrt werden. Für erfolgreiche Führungspersönlichkeiten ist ein Problem eine Information über eine Tatsache oder eine bestimmte Situation. Das heißt, sie bewerten die Situation nicht, sondern sie stellen Fragen, die bereits in Richtung Lösung tendieren. So verändern sie nicht nur ihren eigenen Fokus, sondern auch den ihrer Mitarbeiter.

Deshalb greifen Führungspersönlichkeiten nicht gleich nach so großen Werkzeugen wie z. B. einem Risikomanagement. Sie stellen zuerst Fragen in eine Richtung, die möglichst rasch zu einfachen und wirksamen Lösungen führen oder als Grundlage für weitere Entscheidungen dienen können. Auf diese Weise erhalten sie wichtige Informationen, die sie für diese Entscheidungen benötigen und an denen erkennbar wird, was für die Lösung von Bedeutung ist.

Wahre Führungspersönlichkeiten denken, planen und handeln lösungsorientiert. Sie werden erkennen, wie Sie in Zukunft mehr erreichen, indem Sie bisherige Probleme als kreative Herausforderungen, lukrative Ziele, bessere Chancen, interessante Aufgaben, neue Möglichkeiten oder Motive betrachten.

88. Was stellt für Sie heute als ein Problem oder eine Herausforderung dar?

89. Was wird sich ändern, wenn Sie eine Lösung gefunden haben?

90. Warum ist das so wichtig?

91. Was können Sie noch durch eine Lösung gewinnen?

_____
_____
_____
_____

92. Welche Chancen ergeben sich zusätzlich daraus?

_____
_____
_____
_____

93. Wer wird außerdem von einer Lösung profitieren?

_____
_____
_____
_____

94. Wo und in welchen Bereichen könnte die Lösung zusätzlich zu positiven Veränderungen führen?

_____
_____
_____
_____
_____

95. Wer sollte unbedingt von der Lösung erfahren?

_____
_____
_____
_____
_____

96. Wie sollte die Lösung umgesetzt werden?

_____
_____
_____
_____
_____

97. Von wem sollte die Lösung umgesetzt werden?

_____
_____
_____
_____
_____

98. Woran erkennen sie, dass die Lösung erfolgreich umgesetzt wurde?

_____
_____
_____
_____
_____

99. Wie verhindern Sie ein erneutes Auftreten des Problems bzw. der Herausforderung?

_____
_____
_____
_____
_____

Notizen

1. In die eigene Persönlichkeit investieren

___

2. Zukunft gestalten

___

3. Ziele erreichen

___

Notizen

4. Talente entwickeln

5. Nachfolge sichern

6. Veränderungen nutzen

Todo-Liste 7: **In Lösungen denken**

Datum	Todo	Erl.

Literatur:

Buckingham, Marcus; Coffmann, Curt; *first break all the rules, What the World's Greatest Managers do Differently*; Simon & Schuster UK Ltd., London 2005

Draht, Karsten; *Neuroleadership, Was Führungskräfte aus der Hirnforschung lernen können*; Haufe-Lexware GmbH & Co. KG, Freiburg 2015

Elger, Christian E.; *Neuroleadership, Erkenntnisse der Hirnforschung für die Führung von Mitarbeitern*; Rudolf Haufe Verlag GmbH & Co. KG, Planegg/München 2009

Prof. Dr. Heller, Jutta; *Resilienz, 7 Schlüssel für mehr innere Stärke*; Gräfe und Unzer Verlag GmbH, München 2013

Mourlane, Denis; *Resilienz, Die unentdeckten Fähigkeiten der wirklich erfolgreichen*; Business Village GmbH, Göttingen 2013

O'Connor, Joseph; Seymour; John; *Neurolinguistisches Programmieren: Gelungene Kommunikation und persönliche Entfaltung*; VAK Verlags GmbH, Freiburg 2010

Purps-Pardigol, Sebastian; *Führen mit Hirn, Mitarbeiter begeistern und Unternehmenserfolg steigern*; Campus Verlag GmbH, Frankfurt 2015

Sassenrath, Marcus; *Management by Brain – Nutzen Sie die Erkenntnisse der Gehirnforschung für erfolgreiche Führung*; manicma Verlag; Bietigheim-Bissingen 2014

Voigt, Peter; *ISO 9001:2015 für Manager, Keine Macht den Schraubenzählern*; Books on Demand, Norderstedt 2016

Der Autor

Peter Voigt hat sich als Trainer und Coach auf die Entwicklung und Unterstützung von Führungspersönlichkeiten spezialisiert. Der gelernte Schreiner und Diplom-Ingenieur für Holz- und Kunststofftechnik ist Lehrtrainer, zertifizierter NLP™-Master, Sales-Master, ausgebildet in Hypnose-, wingwave®- und Provokativer Therapie. Daneben hat er die Qualifikation als Qualitätsmanagementbeauftragter und interner Auditor erworben.

Er verfügt über mehr als 20 Jahre praktische Erfahrung im Management und Vertrieb. In dieser Zeit war er erfolgreich in leitenden Positionen als Qualitätsbeauftragter, Produktmanager, im Aufbau von Unternehmen in Osteuropa, Key-Account-Manager, Marketingleiter, Geschäftsführer und Marketingvorstand tätig.

In seinen Trainings und Coachings setzt er aktuelle Erkenntnisse aus der neurowissenschaftlichen Forschung zum Thema Leadership, moderne Kommunikations- und Therapietechniken sowie Management-Methoden z. B. nach DIN EN ISO 9001 ein.

Durch diese einzigartige Kombination erfahren seine Kunden nicht nur, wie sie sich von einer Führungskraft zur herausragenden Führungspersönlichkeit entwickeln. Sie bekommen gleichzeitig wertvolle Management- und Führungsinstrumente an die Hand. Damit sind sie auf der einen Seite in der Lage, Menschen und Teams vollkommen individuell zu Höchstleistungen zu bringen, und sie verfügen auf der anderen Seite über erprobte Instrumente, mit welchen sie ihre Erfolge sichern und ständig weiter ausbauen.

IN FÜHRUNG GEHEN
Seminare und Coachings für Führungspersönlichkeiten

- Warum gibt es Menschen, die scheinbar spielend einfach mit jedem zurechtkommen?
- Woran liegt es, dass nur etwa 20 % der Menschen ca. 80 % der Leistung bringen?
- Warum bringen manche Menschen zeitweise tolle Ergebnisse und fallen dann wieder in ein Tief?
- Warum werden manche Menschen immer erfolgreicher und haben trotzdem genügend Zeit für sich selbst?
- Warum erreichen manche Menschen nie ihre Ziele, obwohl sie fleißig daran arbeiten, während andere, mit scheinbar geringem Aufwand, ihre Erfolge genießen?

Es sind ihre persönliche Einstellung und ihre emotionalen Fähigkeiten, die Menschen zu anziehenden Führungspersönlichkeiten machen. Sie kommunizieren auf einer Ebene, auf der ihre Mitarbeiter individuell wachsen und optimale Leistungen bringen.

- Sie lernen, wie überdurchschnittlich erfolgreiche Führungspersönlichkeiten denken und handeln und wie Sie das für sich selbst umsetzen können.
- Sie erkennen, warum Sie und andere immer ganz bestimmte Ergebnisse erreichen.
- Sie erfahren die Grundlagen der Kommunikation, nach denen wir alle „funktionieren".
- Sie lernen, wie Sie ihr eigenes Unterbewusstsein und das ihrer Mitarbeiter auf Erfolg, Leidenschaft für Leistung und Teamgeist programmieren.

Infos und Kontakt unter: www.voigt-consulting.de

ISO 9001:2015 für Manager
Keine Macht den Schraubenzählern
Autor: Peter Voigt

Im Sport beträgt der Unterschied zwischen dem Ersten und dem Zweiten manchmal nur ein Zehntel Millimeter oder eine tausendstel Sekunde. Doch im Ergebnis kann dieser kleine Unterschied mehrere Millionen Euro ausmachen. Und genau so ist das auch im Wirtschaftsleben. Da ist der Unterschied zwischen dem Besten und dem Zweitbesten oft nur ein schmaler Grat.

Aus der Perspektive des Managements ergeben sich für Unternehmen durch ein Qualitätsmanagementsystem völlig neue Möglichkeiten. Richtig eingesetzt und ausgerichtet auf das, was die Kunden wirklich wollen, lassen sich damit hervorragende Erfolge erzielen.
Dieses Buch richtet sich an Unternehmer, Manager, Qualitätsverantwortliche, Berater und alle, denen der Unternehmenserfolg besonders am Herzen liegt.

Gebundene Ausgabe:
ISBN 978-3-739228-22-8
€ 44,90 (D)

E-Book-Ausgabe:
ISBN 978-3-739287-49-2
€ 41,99 (D)